0

null

nul

10

zehn

tien

20

zwanzig

twintig

30

dreißig

dertig

40

vierzig

veertig

50

fünfzig

vijftig

60

sechzig

zestig

70

siebzig

zeventig

80

achtzig

tachtig

90

neunzig

negentig

100

einhundert

honderd

1000

eintausend

duizend

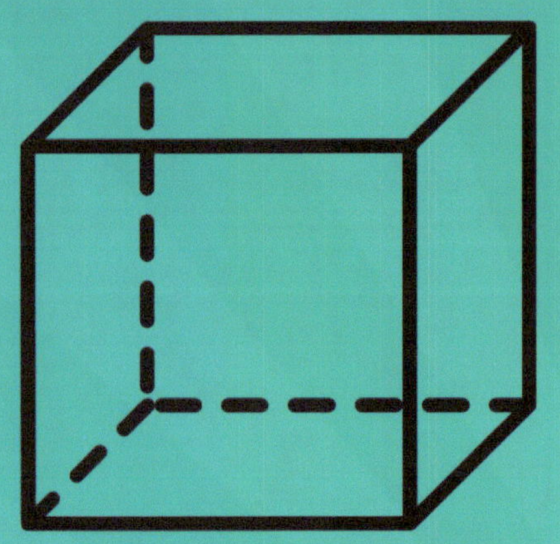

Würfel

kubus

Spielbaustein

blok

Eiswürfel

ijsblokje

Karamell

karamel

Zucker

suiker

Würfel

dobbelstenen

Geschenkbox

geschenkdoos

Pappkarton

kartonnen doos

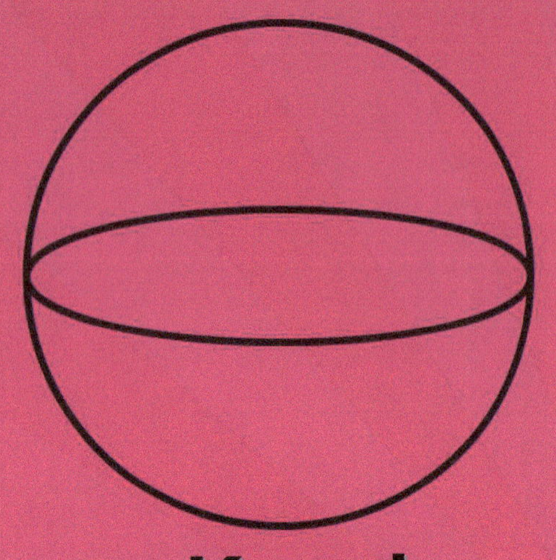

Kugel

bol

Eiskugel

ijsschep

Perle

parel

Blase

bubbel

Murmeln

knikkers

Planet

planeet

Schneeball

sneeuwbal

Tennisball

tennisbal

Zylinder

cilinder

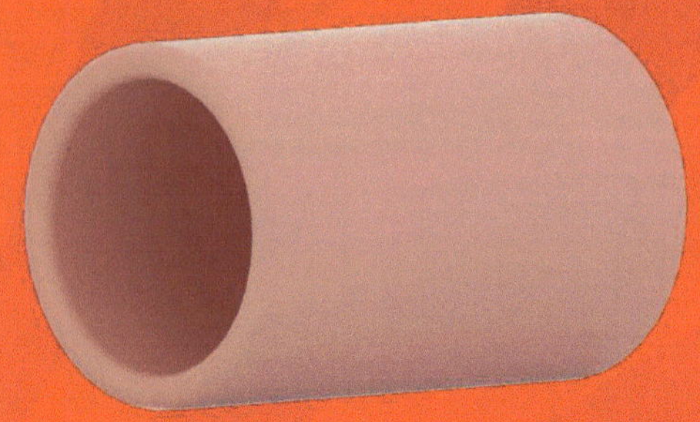

Rohr

buis

Batterien

batterijen

Garnspule

draadspoel

Zimt

kaneel

Nudelholz

deegroller

Wurst

worst

Heuballen

hooibaal

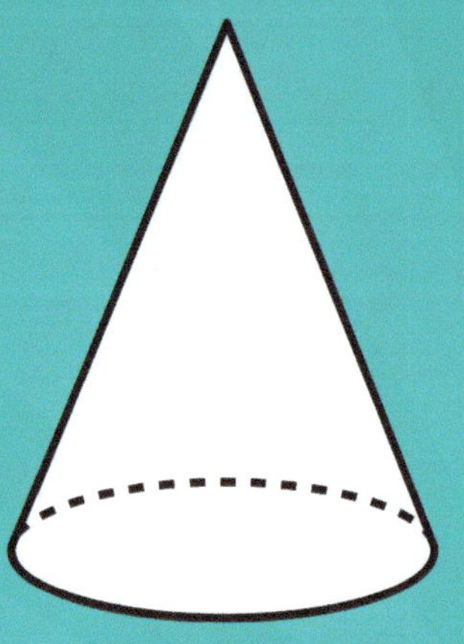

Kegel

kegel

Verkehrskegel

wegkegel

Eiswaffel

ijshoorntje

Hexenhut

heksenhoed

Kerker

kerker

Tannenbaum

spar

Partyhut

feesthoed

Schnecke

slak

Brombeere

braambes

Johannisbeere

bes

Clementine

clementine

Durian

durian

Drachenfrucht

drakenfruit

Jackfrucht

jackfruit

Sternfrucht

stervrucht

Spargel

asperge

Radieschen

radijs

rote Bohne

rode boon

Rübe

raap

Maniok

cassave

Süßkartoffel

yam

Kichererbsen

kikkererwten

Adler

adelaar

Fledermaus

vleermuis

Biber

bever

Flamingo

flamingo

Rabe

raaf

Amsel

merel

Blaumeise

pimpelmees

Elster

ekster

Schwalbe

zwaluwvogel

Lerche

leeuwerik

Sittich

parkiet

Specht

specht

Pfau

pauw

Papagei

papegaai

tukan

toekan

Storch

ooievaar

Koralle

koraal

Seeanemone

zeeanemoon

Seeigel

zee-egel

Seepferdchen

zeepaardje

Clownfisch

clownvis

Goldfisch

goudvis

Krabbe

krab

Einsiedlerkrebs

heremietkreeft

Delfin

dolfijn

Narwal

narwal

Oktopus

octopus

Tintenfisch

inktvis

Walhai

walvishaai

Orca

orka

Blauwal

blauwe vinvis

Belugawal

witte dolfijn

Hammerhai

hamerhaai

Weißer Hai

witte haai

Zitronenhai

citroenhaai

Tigerhai

tijgerhaai

Heuschrecke

sprinkhaan

Raupe

rups

Skorpion

schorpioen

Eidechse

hagedis

Dinosaurier

dinosaurussen

schwarzes Haar

zwart haar

rotes Haar

rood haar

braunes Haar

bruin haar

blondes Haar

blond haar

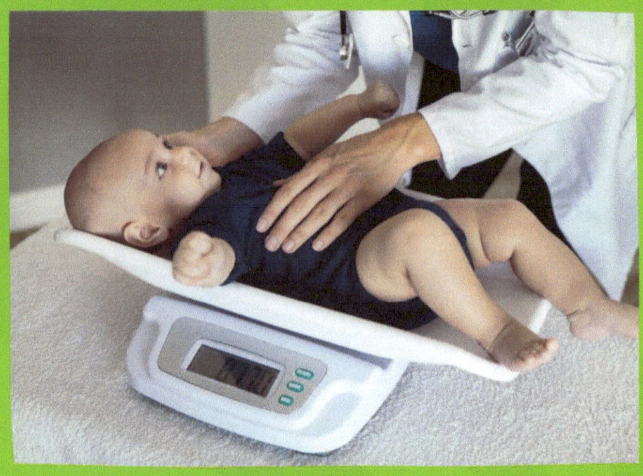

Waage

weegschaal

Krankenhaus

ziekenhuis

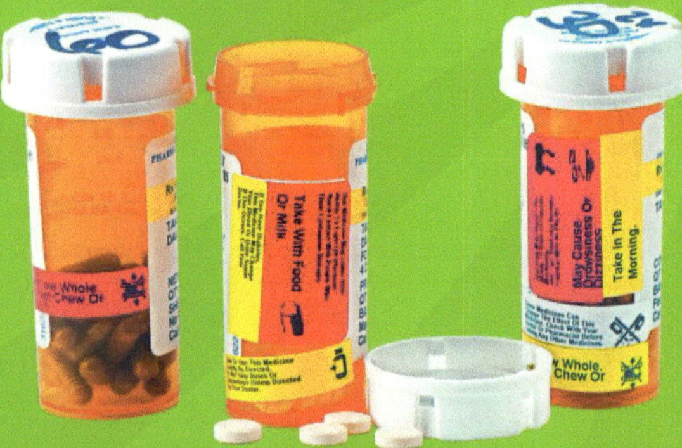

Medizin

medicijn

Thermometer

thermometer

Verband

verband

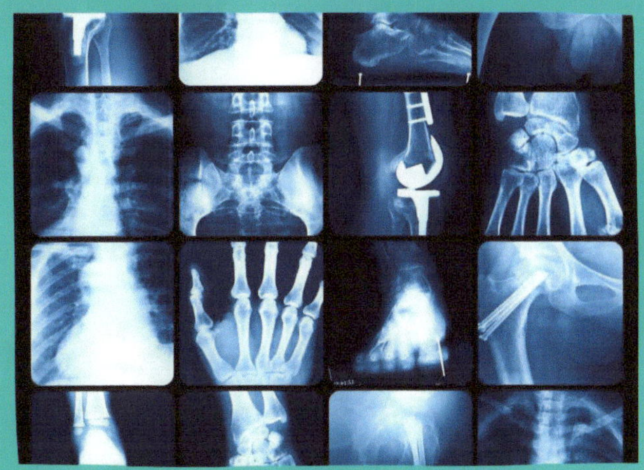

Röntgen

röntgenfoto

Doktor

dokter

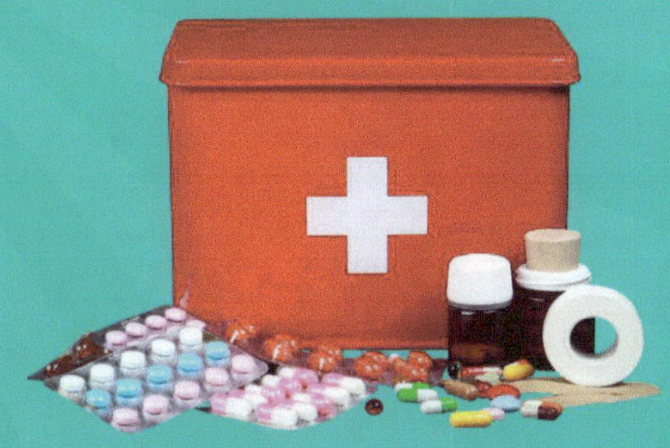

Erste-Hilfe-Kasten

EHBO-kit

spielen

spelen

zeichnen

tekenen

zählen

tellen

schreiben

schrijven

Tanzen

dansen

Schwimmen

zwemmen

Skifahren

skiën

Basketball

basketbal

Tennis

tennis

Tischtennis

tafeltennis

Fußball

voetbal

Reiten

paardrijden

Eishockey

ijshockey

Judo

judo

Boxen

boksen

Laufen

hardlopen

Baseball

honkbal

Kricket

cricket

Rugby

rugby

Volleyball

volleybal

Maracas

maracas

Tamburin

tamboerijn

Xylophon

xylofoon

Geige

viool

Klavier

piano

Gitarre

gitaar

Cello

cello

Harfe

harp

Trommel

trommel

Djembe

djembé

Schlagzeug

drumstel

Trompete

trompet

Horn

hoorn

Saxophon

saxofoon

Flöte

fluit

Kopfhörer

koptelefoon

singen

zingen

Notenblatt

bladmuziek

Mikrofon

microfoon